XAVIER MONTSALVATGE

SONATINE POUR YVETTE

pour piano | for piano

Introduction et notes d'interprétation de | Introduction and notes on interpretation by

Florence Ribot

SALABERT

Introduction

Xavier Montsalvatge (1912 – 2002) a été un compositeur prolifique aux inspirations multiples, à la fois catalanes et latines (je citerai notamment son goût pour le Groupe des Six, son admiration pour Ravel, ses échanges avec Olivier Messiaen), intéressé aussi par les rythmes de Stravinsky ; il a fui la doctrine de l'atonalité et cultivé la polytonalité. Il dira : « Je n'ai jamais écrit de musique pour choquer[1] ». Personnalité au fond pessimiste, sa devise était pourtant : « Tout s'arrange mal mais tout s'arrange[2] ». On retrouve ce trait de caractère à la fois grave mais teinté d'humour et de joie dans la *Sonatine pour Yvette*. Écrite en 1962, cette pièce aux nettes influences post-impressionnistes et dont la virtuosité n'est pas sans rappeler celle de Liszt, est dédiée à Gonzalo Soriano, grand pianiste du XXe siècle. Son titre évoque la fille du compositeur, Yvette.

Trois mouvements la constituent (I – Vivo e spiritoso ; II – Moderato molto ; III – Allegretto). On peut y dégager trois axes :

- l'univers de l'enfance, caractère empli de joie, d'innocence, d'émotions volatiles et changeantes ;
- l'écriture harmonique caractéristique de Xavier Montsalvatge : chromatismes, polytonalités, gammes par tons ;
- l'élément rythmique primordial, dansant (samba, jazz) ou traduisant des atmosphères plus insistantes, lugubres ou rêveuses.

[1] Julian Sykes, « Xavier Montsalvatge, prince de la musique catalane, disparaît », *Le Temps*, 8 mai 2002 (https://www.letemps.ch/culture/xavier-montsalvatge-prince-musique-catalane-disparait ; dernière consultation : 2 février 2024).

[2] Interview de Yvette, fille du compositeur, par Mac McClure le 29 juin 2002 à Barcelone (https://www.youtube.com/watch?v=X_lpY9qQPEs ; [00 : 02 : 45] ; dernière consultation : 2 février 2024).

Notes d'interprétation

Considérons le 1er mouvement. Il est construit dans une forme sonate en trois parties : exposition (mes. 1 – 52) ; développement (mes. 53 – 133) ; réexposition (mes. 134 – 158). On notera la reprise d'une partie du développement (mes. 53 – 92) à la fin de la réexposition (mes. 158), liberté qu'a prise l'auteur pour cette forme, peut-être une allusion à la spontanéité de l'enfance.

Deux thèmes de caractères différents se dégagent de l'exposition, même si le second est une variante mélodique du premier.

Pour ce premier thème (mes. 1 – 22), la mélodie à la main droite sera jouée *spiritoso, allegremente*, dans un esprit de joie enfantine, dansante et simple. La tonalité de Mi majeur est affirmée (à la réexposition mes. 134, elle sera en Sol majeur). Mes. 3 – 22 : penser la phrase par carrures de quatre mesures. L'accompagnement à la main gauche doit être joué legato : travailler l'articulation et la régularité des six croches qui le constituent ; mes. 1 – 6 : les phraser par deux mesures et suivre le chromatisme en soulignant légèrement les notes de chaque temps.

Cet ostinato chromatique aux basses, *fa – mi – mi*♭ *– mi*♮, est une toile de fond au monde féérique qui va suivre. Adapter l'articulation pour créer cet univers sonore mystérieux. Attaquer la touche de près. Pour affirmer leur empreinte digitale, travailler en accords la descente des arpèges de quarte et sixte mes. 6, 2e temps – 14, 1er temps qui la termine. Veiller à la synchronisation des deux mains.

Mes. 11 – 13 puis mes. 16 – 22, swinguer avec les croches de la main droite, les articuler davantage et les jouer avec amusement, dans un caractère jazzy.

Le second thème (mes. 23 – 52) revêt à la fois : mes. 23 – 33, un caractère rêveur (accompagnement de la main gauche statique en noires et blanches pointées) ; mes. 37 – 42, passionné (on notera le tenuto mes. 37) ; mes. 43 – 52, fantasque aux couleurs raveliennes.

Amener ce second thème par le *poco rit.* mes. 21 – 22, poser avec délicatesse le *sol*♯ joué à la main droite mes. 23. Bien changer la pédale, veiller à sa netteté ; ce *sol*♯ complète la résonance de la tierce mineure (jouée mes. 19, 2e temps à la main gauche) et forme ainsi un accord de *do*♯ mineur. Timbrer le *sol*♯ de l'accord tenuto joué par la main gauche mes. 23, 2e temps. La mélodie de la main droite qui débute mes. 24 se fond dans cette couleur nostalgique.

Lors du développement, les deux thèmes sont cités : second thème *subito molto calmato* mes. 84, premier thème au caractère joueur à la main gauche mes. 93 – 94 et 106 – 109 à la main droite.

Jouer très serré, avec légèreté et dans un esprit fantasque le rythme mes. 82, 2e temps. Marquer la rupture provoquée par les notes staccato mes. 91 – 92. Les affirmer avec un brin d'humour.

Abordons maintenant le 2e mouvement de forme ABA' (A : mes. 1 – 23 ; B : mes. 24 – 46 ; A' : levée de mes. 47 – 59). La partie A aux couleurs raveliennes est construite sur un rythme en ostinato de croches entrecoupées de demi-soupirs. Veiller à ne pas bousculer ce rythme, le penser dans la métrique de la mesure à trois temps. Le choix du tempo est primordial. Montsalvatge écrit *moderato molto*, la noire à 46. Aller trop vite rendrait la partie A trop légère et superficielle, aller trop lentement ferait perdre au chant son caractère d'incantation.

La ligne mélodique se dévoile telle une prière plaintive et recueillie. La pédale est un soutien au legato de cette mélopée. On notera le passage qui commence mes. 18 *declamato*, renforcé par le rythme pointé et le crescendo qui aboutit, au premier temps de mes. 19, à l'intervalle de 2e augmentée ***f*** et accentué *mi* ♭ – *fa* ♯ (motif repris avec quelques différences mes. 20 – 21). Je suggère une couleur *dolce,* quelque peu solennelle à la résolution mes. 23 (*ré* petite note – *sol*), qu'on entend comme une cadence parfaite mais enrichie par l'accord de la main droite, le *fa* et le frottement du *si* ♮ et du *si* ♭.

Mes. 23 – 24, ces *si* ♭ répétés à la main droite permettent la transition avec la partie B au caractère plus mouvementé, agité et passionné. Souligner le dialogue en contretemps des notes répétées mes. 24, 26 et 28. Faire sonner la main droite mes. 29 – 31, 38 – 44 comme des cloches avec ses octaves diminuées, ses septièmes majeures.

Souligner le phrasé legato de la main gauche lors de son accompagnement en arpège mes. 29 – 30, 32 – 33, 38 – 42.

Soutenir la descente dans les graves des accords de la main gauche mes. 43 – 46, 1er temps. Lui donner une sonorité d'orgue.

L'accord du 2e temps mes. 46, ***pp***, à tenir avec un point d'orgue *breve*, nous ramène au caractère initial, recueilli, tel un choral.

Le 3e mouvement se découpe en quatre parties ABCB' suivies d'une *coda*.

La partie A (mes. 1 – 28) s'apparente à une introduction dans un esprit de *toccata.* Très rythmée, on soulignera le rythme dansant de la samba dessiné par la main gauche. Travailler l'articulation des double-croches. Les jouer ***f*** et *incisivo*, de façon régulière mais sans coller les doigts, ni alourdir le toucher. Respecter le tempo indiqué (*allegretto*, ♩ = 108 – 112) qui permet de swinguer.

On s'amusera du motif de transition en sextolets mes. 9 – 14, pont vers la section suivante. Je suggère de jouer la succession de sextolets en diminuendo lorsqu'elle est descendante, tel une dégringolade de notes (mes. 9 – 14, reprise mes. 55 – 60 puis mes. 96 – 98), et en crescendo dans sa version ascendante, tel une envolée de notes jaillissantes (mes. 73 – 77). Pour cette formule pianistique, je recommande un travail mains séparées : mémorisation de la main gauche, empreinte des accords de la main droite.

Veiller à la régularité rythmique et sonore des doubles croches. Ne pas accentuer une main plus que l'autre.

Les parties B (mes. 29 – 60) et B' (mes. 82 – 101) sont des variations de la comptine *Ah ! vous dirai-je maman*. Les jouer avec une joie innocente et franche. La montée de croches mes. 47 – 48 semble finir dans un éclat de rire.

Faire sonner le piano comme des carillons mes. 82 – 93. Projeter le son des quintes accentuées mes. 83, 85, 87, 89, 90, 92, 93. Comme l'indique la liaison, garder leur résonance dans la pédale.

Lors de la *coda* mes. 99 – fin, on retrouve une réminiscence du 2e mouvement.

Jouer les notes répétées mes. 99 – 100, 102 – 103 avec la vivacité des cordes pincées de la guitare, dans un esprit espagnol.

Pour conclure, cette pièce est un hymne joyeux à l'enfance, une invitation à l'imagination. Elle est étincelante de vie.

Florence Ribot

Introduction

Xavier Montsalvatge (1912 – 2002) was a prolific composer who drew his inspiration from a variety of sources, some Catalan, some Latin (most notably: his fondness for the *Groupe des Six*, his admiration for Ravel and his interactions with Olivier Messiaen), and was also interested in Stravinsky's rhythms. He eschewed the doctrine of atonality while cultivating polytonality. He said: "I never wrote any music with the intent to shock".[1] Fundamentally pessimistic at heart, his motto was nevertheless: "Nothing ever works out well, but in the end, it all works out somehow".[2] We find this attitude: sombre, yet tinged with humour and joy, in his *Sonatine pour Yvette*. Written in 1962, this piece, which shows clear post-impressionist influences, with a level of virtuosity reminiscent of Liszt, is dedicated to Gonzalo Soriano, one of the greatest pianists of the 20th century. Its title evokes the name of the composer's daughter, Yvette.

It is made up of three movements: (I – Vivo e spiritoso; II – Moderato molto; III – Allegretto), with three main focuses:

- the world of childhood, with a character full of joy, innocence and volatile, changeable emotions;
- Montsalvatge's characteristic harmonic writing style, full of chromaticism, polytonality and whole-tone scales;
- a primordial rhythmic element, dance-like (samba or jazz), as well as parts where the atmosphere feels more insistent, gloomy or dreamlike.

[1] Julian Sykes, "Xavier Montsalvatge, prince de la musique catalane, disparaît" [Xavier Montsalvatge, the Prince of Catalan music, has died], *Le Temps*, May 8, 2002 (https://www.letemps.ch/culture/xavier-montsalvatge-prince-musique-catalane-disparait; last consulted: February 2, 2024).

[2] Interview with Yvette, Montsalvatge's daughter, by Mac McClure in Barcelona, June 29, 2002, (https://www.youtube.com/watch?v=X_lpY9qQPEs, [00:02:45]; last consulted: February 2, 2024).

Notes on interpretation

Considerations on the 1st movement. It has been composed in sonata form, in three parts, with an exposition (mm. 1 – 52), development (mm. 53 – 133), and recapitulation (mm. 134 – 158). A section of the development (mm. 53 – 92) is repeated at the end of the recapitulation (m. 158). The liberty that the author has taken with the form could be an allusion to the freedom of childhood.

Two themes of different character can be heard in the exposition, although the second is a melodic variant of the first.

For the first theme (mm. 1 – 22), the melody in the right hand should be played *spiritoso* and *allegremente*, in the spirit of childish joy, simple and dancelike. Here, the key of E major is firmly established, although during the recapitulation, at m. 134, the theme is transposed to G major. In mm. 3 – 22, think of the phrases in four-measure blocks. The accompaniment in the left hand should be played legato: work on the articulation and be sure to play the six quavers evenly. In mm. 1 – 6, keep the phrases two measures long and follow the chromaticism by slightly emphasising the notes on each beat.

The chromatic ostinato in the bassline (F – E – E♭ – E♮) provides a backdrop for the enchanted world that will soon follow. Adapt your articulation to create this world of mysterious sounds. Attacks should start close to the keyboard. To guarantee that the fingers be properly placed, practice the descending line of arpeggiated six-four chords – which starts on the 2nd beat of m. 6 and ends on the 1st beat of m. 14 – as block chords. Be careful to keep the left and right hand perfectly synchronised.

In mm. 11 – 13 and 16 – 22, make sure to play the right-hand quavers with a swing: they should be well-articulated, played in a fun way, with a jazzy feeling.

The 2nd theme (mm. 23 – 52) combines a dreamlike character (mm. 23 – 33, with a static, left-hand accompaniment made up of crotchets and dotted minims) with a passionate one (mm. 37 – 42, note the tenuto in m. 37), followed, in mm. 43 – 52, by a whimsical passage with colours reminiscent of Ravel.

Prepare for this 2nd theme with the *poco rit.* in mm. 21 – 22. The G♯ in the right hand in m. 23 should be placed delicately. Change the pedal, taking care to do so cleanly. The G♯, added to the minor third (played by the left hand on the second beat of m. 19), completes the harmony by forming a C♯ minor chord. On the 2nd beat of m. 23, give a full sound to the G♯ of the tenuto chord played by the left hand. The right-hand melody that begins in m. 24 should melt seamlessly into these nostalgic colours.

During the development, both themes are cited: the 2nd in m. 84 at *subito molto calmato*, while the 1st, with its playful character, comes back in the left hand in mm. 93 – 94 and the right in mm. 106 – 109.

Play the rhythm in m. 82 (2nd beat) tightly, lightly, and whimsically. Highlight the rupture brought on by the staccato notes in mm. 91 – 92, underlining them with a touch of humour.

Let us now turn to the 2nd movement, in ABA' form: A, mm. 1 – 23; B, mm. 24 – 46; and A', which begins at the upbeat of m. 47 – 59. Section A, with its Ravelian colours, is built over an ostinato rhythm of quavers interspersed with semiquaver rests. Be careful not to disrupt this rhythm, think of it in $\frac{3}{4}$. The choice of tempo is extremely important. Montsalvatge writes *moderato molto*, with the crotchet at 46. Playing too fast makes the A section too light and superficial, while going too slowly makes the melody lose its spellbinding quality.

The melodic line unfolds like a plaintive, meditative prayer. The pedal is used to keep the melopeia legato. Note the passage that begins on m. 18 (*declamato*), reinforced by the dotted rhythm and the crescendo that leads, on the first beat of m. 19, to an augmented second, an E♭ – F♯ (a motif that will be repeated, with a few changes, in mm. 20 – 21) which is played ***f*** and with strong accents. I suggest playing sweetly and a bit solemnly at the resolution in m. 23 (grace note D – G), which we hear as a perfect cadence, enriched by the chord in the right hand, the F, and the friction between the B♮ and B♭.

In mm. 23 – 24, the repeated B♭s in the right hand help the transition to section B, which has a more lively, agitated and passionate character. Try to bring out the against-the-beat dialogue of the repeated notes in mm. 24, 26 and 28. In mm. 29 – 31 and 38 – 44, with its diminished octaves and major 7ths in the right hand, try to imitate bells.

Emphasise the legato phrasing in the left hand during the arpeggio accompaniment in mm. 29 – 30, 32 – 33, and 38 – 42.

Support the downward motion of the low notes of the left-hand chords in mm. 43 – 46 (1st beat). Try and give them an organ-like sound.

The chord on the 2nd beat of m. 46 (***pp***), should be played with a short *fermata*, which brings us back to the initial, contemplative character, reminiscent of a choral.

The 3rd movement is made up of four sections, ABCB' followed by a *coda*.

The A section (mm. 1 – 28) is like an introduction in *toccata* style. Very rhythmic, the dance-like samba rhythm in the left hand should be brought out. Work on the articulation of the semiquavers. Play them ***f*** and *incisivo* [incisively], evenly but without keeping the fingers glued to the keyboard, and avoid a heavy touch. Keep to the indicated tempo (*allegretto*, ♩ = 108 – 112), which will keep things swinging.

Have fun with the transitional motif in sextuplets (mm. 9 – 14), a bridge to the next section. I would suggest playing the series of sextuplets with a diminuendo when they are in downward motion, like a waterfall of notes (mm. 9 – 14, repeated mm. 55 – 60 and then mm. 96 – 98), and in crescendo when in upward movement, like a flight of soaring notes (mm. 73 – 77). For this pianistic formula, I recommend practicing the two hands separately: memorise the left hand, while imprinting the chords in the right one.

Be careful to keep the rhythm and the volume of the semiquavers even. Don't accent one hand more than the other.

The B (mm. 29 – 60) and B' (mm. 82 – 101) sections are variations on the children's song *Ah! vous dirai-je maman* [*Twinkle, twinkle, little star*]. Play them with an innocent, frank joy. The ascending line of the quavers in mm. 47 – 48 finishes with what sounds like a burst of laughter.

In mm. 82 – 93, the piano should sound like a carillon. Project the sound of the accented fifths in mm. 83, 85, 87, 89, 90, 92, and 93. As indicated by the slurs, keep them resonating by holding the pedal down.

During the *coda* (from m. 99 to the end), we find a reminder of the 2nd movement.

Play the repeated notes in mm. 99 – 100 and 102 – 103 with the vivacity of the plucked strings of a guitar, with a Spanish feel.

In conclusion: this piece is a joyful hymn to childhood, an invitation to use your imagination, and shimmers with life.

Florence Ribot

(English translation by Avery Gosfield)

à Gonzalo Soriano

SONATINE POUR YVETTE

pour piano

Xavier Montsalvatge

I

27
teneramente
32
37
tenuto
A tempo
f
ff
42
Tempo I
p
47
rit.

A tempo deciso
f
f
sfz
m.g.
m.d.
f
p
p
8
sfz
p
p
subito molto calmato

m.g.
rit.
Tempo I
Fin
pp
mf
mf
mf
poco rit.
p
A tempo
p
crescendo

(crescendo)
ff
poco rit.
p
A tempo
mf allegremente
calmato
p
ritardando molto
f
p
p
du signe
au mot Fin

II

A tempo
rit.
A tempo
poco rit.
A tempo
Agitato
crescendo
poco rit.
A tempo

40
cresc. e rall.
44
breve
pesante
pp
p
(non arpeggiato)
48
sfz
p
dolcemente legatissimo
52
molto rit.
Lento
mf
p
sfz
56
rit.
pp
mf
f
Ped.

III

Allegretto ♩ = 108-112
f e incisivo
5
6
6
10
6
6
14
rit. molto
A tempo
f
18
23

giocosamente
gliss.
simile

58
rall.
p
6
6
Meno mosso
62
p
66
crescendo
70
(crescendo)
sfz
6
6
mf
crescendo
74
8
(crescendo)
(8)
78
ff
ff

82
1.
86
2.
90
94
p subito
8
98
p
sfz
103
sfz
p
molto rit.
A tempo
f
tenuto
A tempo
deciso
f
8

Édition du 20 mars 2024

SLB 20544

ISMN : 979-0-048-06193-4
